Das habe ich schon gemacht

Trage ein: − + ++ *

1	Klara. Ein Kurzkrimi.	☐	2	Suppe	☐
3	Das Auto: pro und contra	☐	4	Alle haben eins	☐
5	Wie die Mücke mit dem Löwen kämpfte	☐	6	Die neue Königin	☐
7	Mein Lieblingstier	☐	8	Das will ich werden	☐
9	Iwein, der Löwenritter	☐	10	Das Silberbergwerk im Harz	☐
11	Ferienerlebnisse	☐	12	Tiergeschichten selbst erdacht	☐
13	Ein Kunstwerk erzählt	☐	14	Unterwegs	☐
15	Die Maus und die Schnecke	☐	16	Peter Hinkebein	☐
17	Freunde	☐	18	Rollenspiele	☐

W0464369

Name ______________________

Klara. Ein Kurzkrimi.

Ob Klara vor ihm da sein würde? Ob sie ihn bereits erwartete? Ein paar Schritte noch. Schon betrat er den Stadtpark und eilte Richtung Seerosenteich. Ja, sie war da! Er sah sie schon von weitem. „Ich komme, meine Teure!" Er beschleunigte seine Schritte. Sie sah ihm entgegen, mit schief gelegtem Kopf und fragendem Blick.

Das Herz schlug ihm höher. „Hab dir auch was mitgebracht, meine Schöne!", murmelte er, als er sie auf sich zutrippeln sah. Er zog eine Papiertüte aus der Tasche. Doch da! Was war das? Er fuhr herum. Von hinten näherten sich noch zwei und von links drei. Er saß in der Falle. „Nicht mit mir!", dachte er, sprang nach rechts und rannte in entgegengesetzter Richtung davon.

Erst nach ein paar Minuten verlangsamte er das Tempo und war froh, das Vogelfutter für Klara, seine Lieblingstaube, gerettet zu haben.

aus: Gerda Anger-Schmidt/Renate Habinger: Neun nackte Nilpferddamen, NP Buchverlag, St. Pölten-Wien-Linz 2003

1. Lies den Titel der Geschichte.
2. Lass dir den Text von einem anderen Kind vorlesen. Hör genau zu.
   Woran kannst du erkennen, wer Klara ist?
   Merke dir die Wörter und benenne sie nach dem Vorlesen.

Suppe

An unserer Wohnzimmerdecke hatte mein Vater drei große leichte Pappen mit Reißzwecken befestigt. Sie verdeckten die Putzlöcher, aus deren Rohrgeflecht ständig feiner Sand und Kalk rieselten. Dieser graue Dreck sammelte sich nun nicht mehr auf dem Teppich, dem Ofen, dem Schrank oder dem elterlichen Bett, sondern auf den Pappen. Am Tage war die Doppelbettcouch zugeschoben. Unser Esstisch stand in der Mitte des kleinen Raumes. Es gab ziemlich oft Suppe in dieser Zeit, aus Kartoffeln, Kohlrüben oder Trockenmilch. Meine Mutter bemühte sich immer, diese dünne Speise irgendwie schmackhaft zu machen.

An einem Sonntag, während des Mittagessens, donnerte ein Schwertransporter durch unsere Straße und erschütterte das Haus. Einige Reißnägel an der Decke lösten sich, und wie durch eine große Tülle[1] ergoss sich der gesammelte feine Putz von Wochen in unsere Terrine[2] auf dem Tisch.

[1] Tülle: Ausguss, zum Beispiel an Kannen
[2] Terrine: Suppenschüssel

Nun war die Suppe sehr viel dicker und gehaltvoller, aber leider nicht mehr genießbar.

Manfred Bofinger

aus: Hans Joachim Gelberg (Hrsg.): Eines Tages, Beltz&Gelberg, Weinheim 2002

1. Lass dir den Text von einem anderen Kind vorlesen. Hör genau zu.
2. Stelle dem Kind, das vorgelesen hat, Fragen zu dem Text. Zum Beispiel: Die Familie in der Geschichte ist arm. Woran merkt man das?

Das Auto: pro und contra

☐ Die Abgase von Autos verschmutzen die Umwelt.

☐ Autos sind schnell.

☐ Mit Autos kann man Dinge transportieren.

☐ Im Auto sitzt man nicht mit fremden Leuten zusammen.

☐ Der Lärm, den Autos machen, macht krank.

☐ Autos halten nicht nur an Haltestellen, sie können überall hin.

☐ Autos und Straßen zerstören den Lebensraum von Menschen, Tieren und Pflanzen.

☐ Das Motoröl aus Autos gelangt manchmal in Seen und Flüsse.

☐ Weil so viele Menschen Autos haben, gibt es immer mehr Staus.

☐ Mit dem Auto kann man große Entfernungen überwinden.

✗

1. Lies die Sätze.
   Manche Aussagen sprechen für Autos (pro), andere sprechen gegen Autos (contra).
2. Notiere, ob eine Aussage für das Auto [+] oder gegen das Auto [–] spricht.
   Unterhalte dich mit einem anderen Kind darüber.

Hier kann es unterschiedliche Meinungen geben.

Fallen euch noch weitere Argumente für oder gegen das Auto ein?

Alle haben eins

Alexander kommt von der Schule nach Hause, zieht im Gehen die Schuhe aus, lässt sie im Flur liegen, befördert seine Schultasche neben den Schuhschrank, geht ins Wohnzimmer und sagt: „Mama, ich brauche ein Handy.“ „Hallo!“, sagt seine Mutter. „Schön, dass du da bist.“ „Ich brauche ein Handy“, wiederholt Alexander laut und deutlich. „Ein Handy?“, fragt seine Mutter, um Zeit zu gewinnen. „Wozu brauchst du ein Handy?“ „Alle meine Freunde haben eins“, behauptet er. „Alle?“ Sie schaut ungläubig. „Das glaube ich nicht.“ „Doch!“

Die Mutter merkt, dass sie so nicht weiterkommen. Deswegen schlägt sie ihrem Sohn vor, auf ein Blatt zu schreiben, warum er glaubt, ein Handy zu brauchen. Und sie will aufschreiben, warum er ihrer Meinung nach keines braucht.

Manfred Mai

aus: Manfred Mai: Kunterbunte 1-2-3 Minutengeschichten, Ravensburger Buchverlag Otto Maier GmbH, Ravensburg 2006

1. Suche dir ein anderes Kind.
   Lest den Text.
2. Überlegt gemeinsam:
   Was könnte auf Alexanders Liste stehen, was auf der Liste seiner Mutter?
   Schreibt eure Stichwörter auf einen Zettel.
3. Spielt das Gespräch zwischen der Mutter und Alexander weiter.
   Verwendet hierfür eure Stichwörter.
4. Überlegt:
   Sollte Alexanders Mutter ihm ein Handy kaufen?

Wie die Mücke mit dem Löwen kämpfte

Eine kleine Mücke hielt sich für ungemein mutig und stark. Einmal sirrte und summte sie durch die Luft und sah einen Löwen unter einem Busch schlafen. „Ein Löwe!“, rief die kleine Mücke. „Mit dem will ich kämpfen!“

Die kleine Mücke ließ sich auf dem Löwen nieder, stach ihn ins dicke Fell und rief: „He du! Aufwachen! Ich bin da, die kleine und ungemein mutige Mücke! Ich will mit dir kämpfen!“ Der Löwe hatte den Mückenbiss nicht gespürt und schlief ruhig weiter. Da stach ihn die Mücke ins Ohr. Der Löwe zuckte im Schlaf ein wenig mit dem Ohr, erwachte aber nicht. „Wie stark ich bin!“, rief die Mücke. „Sogar der Löwe wagt es nicht, mit mir zu kämpfen!“

Die kleine Mücke summte und sirrte davon und summte und sirrte zu den anderen Mücken und erzählte allen, dass sie die stärkste und tapferste Mücke der Welt sei. Nicht einmal der Löwe wage mit ihr zu kämpfen!

Der Löwe aber schlief friedlich unter seinem Busch und hatte nicht einmal gemerkt, dass eine Mücke da gewesen war.

Leo Tolstoj

aus: Käthe Recheis/Friedl Hofbauer:
Die schönsten Minutenmärchen,
Kerle im Verlag Herder,
Freiburg im Breisgau 2006

1. Suche dir ein anderes Kind.
   Lest den Text.
2. Sprecht über folgende Fragen:
   - Ist die Mücke wirklich mutig und stark?
   - Wie findet ihr das Verhalten der Mücke?
   - Kennt ihr Menschen, die sich ähnlich verhalten wie die Mücke?

Die neue Königin

Die Schlange kroch den ganzen Tag durch den Urwald und zischelte den Tieren zu: „Wir treffen uns alle bei Sonnenuntergang am großen Stein beim Fluss.“ „Der Weg ist mir zu weit“, sagte die Schildkröte und zog den Kopf ein. „Und ich will gar nicht wissen, was die Schlange wieder vorhat“, trompetete der Elefant. Doch die meisten Tiere waren neugierig und wollten hören, was die Schlange ihnen zu sagen hatte. Bei Sonnenuntergang zeigte sich die Schlange auf dem großen Stein. „Ich freue mich, dass so viele gekommen sind, denn wir haben etwas Wichtiges zu bereden“, begann sie. „Der Löwe hat sich selbst zum König der Tiere ernannt. Wir wollen aber keinen selbst ernannten König mehr, wir wollen unseren König oder unsere Königin ab heute wählen.“

Die Tiere klatschten begeistert Beifall. Und weil die Schlange am besten reden konnte, wurde sie gleich zur neuen Königin gewählt. Als erstes bestimmte sie, dass in Zukunft nur noch Schlangen Königinnen der Tiere werden durften.

Manfred Mai

aus: Manfred Mai: Kunterbunte 1-2-3 Minutengeschichten, Ravensburger Buchverlag Otto Maier GmbH, Ravensburg 2006

✗

1. Suche dir ein anderes Kind. 
   Lest den Text.
2. Sprecht über folgende Fragen:
   - Findet ihr richtig, was die Schlange tut?
   - Kennt ihr Menschen, die ähnlich handeln?
   - Was denkt ihr über die Schildkröte und den Elefanten?
   - Wie findet ihr das Verhalten der anderen Tiere?

Mein Lieblingstier

Paul möchte etwas über die Lieblingstiere der anderen Kinder erfahren.
Deshalb denkt er sich Fragen für ein Interview aus.
Zuerst fragt er Laura:

1. Lest den Text.
2. Denkt euch weitere Fragen aus und schreibt sie auf.
3. Befragt euch gegenseitig. Schreibt die Antworten in Stichwörtern auf.
4. Stellt der Klasse das Lieblingstier des anderen Kindes vor.

Das will ich werden

Jana denkt darüber nach, was sie später werden möchte.
Um mehr über verschiedene Berufe zu erfahren,
fragt sie die anderen Kinder nach ihren Traumberufen.

1. Lies den Text.
2. Denke dir weitere Fragen aus und schreibe sie auf.
3. Befrage andere Kinder.
   Schreibe Stichwörter zu dem auf, was die Kinder sagen, oder nimm das Interview mit dem Kassettenrekorder auf.
4. Stelle der Klasse die Berufswünsche der anderen Kinder vor.

Iwein, der Löwenritter

Iwein gehörte zu den berühmtesten Rittern der Tafelrunde von König Artus. Er brannte darauf, Abenteuer zu bestehen und seine Tapferkeit zu beweisen.

Eines Tages, als Iwein über das Gebirge ritt, hörte er schon von weitem ein schreckliches Fauchen und Knurren, und als er den Kamm des Berges erklommen hatte, sah er einen gewaltigen Drachen mit einem Löwen kämpfen. Halb betäubt von dem Feuerstrom, der dem Drachen aus dem Maul drang, wehrte sich der Löwe verzweifelt.

Iwein erkannte bald, dass der Lindwurm der Stärkere war, und als der Drache seinen langen Schwanz um den Löwen zu ringeln begann, um ihn zu ersticken, sprang der Ritter vom Pferd, zog sein Schwert und hieb dem Untier den Kopf ab.

Dann lief er rasch zurück, bestieg sein Pferd und wollte davon reiten, denn er hielt es für wahrscheinlich, dass der Löwe nun ihn anfallen würde, und er wollte den nicht im Kampf töten müssen, den er gerade gerettet hatte.

Der Löwe aber nahte sich freundlich, wedelte wie ein Hund mit dem Schweif und leckte seinem Retter dankbar die Hand mit der rauen Zunge. Und als Iwein weiterritt, folgte ihm das Tier auf Schritt und Tritt, jagte Hasen und Rehe, die er seinem Herrn brachte, und bewachte ihn des Nachts. So fand der einsame Iwein einen treuen Gefährten, der ihn nie mehr verließ.
Bald war er überall als der Löwenritter bekannt.

Volkssage aus: Das grosse Buch der Sagen. Lingen Verlag o. J.

1. Lies den Text.
2. Schließe deine Augen und stelle dir die Geschichte vor. Überlege:
   - Was wird am Anfang erzählt?
   - Was geschieht dann?
   - Wie endet die Geschichte?
3. Erzähle die Geschichte einem anderen Kind.

−	+	++	*

erzählt in entsprechender Abfolge (1d)

Name ______________________ Datum ______________

Das Silberbergwerk im Harz

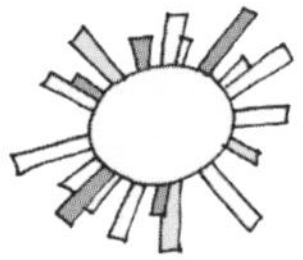

Zu der Zeit, als es im Harz noch viele Bergwerke gab, suchte ein Steiger[1] aus Stolberg nach neuen Silberadern. Er ging weit und weiter, aber er fand nichts.

Als er schon ganz niedergeschlagen umkehren wollte, trat eine weiß gekleidete Jungfrau auf ihn zu und fragte ihn, warum er denn so traurig sei. Als er es ihr erzählte, tröstete sie ihn und sagte, wenn er sie zur Frau nähme, wolle sie ihm eine Silberader zeigen, wie er sie noch nie in seinem Leben gesehen habe. Sie stellte nur eine Bedingung: Er dürfe sie nie daran erinnern, dass sie einst ein Erdgeist war.
Dem Steiger war das sehr lieb und so folgte er ihr.
Nach einer Weile schlug sie einen silbernen Nagel in die Erde. „Hier musst du schürfen!“, sagte sie und ging dann mit ihm nach Stolberg.

Am anderen Morgen machte sich der Steiger gleich an die Arbeit. Und es kam alles, wie die Jungfrau gesagt hatte.

Die Silberader war sehr ergiebig, und der Steiger wurde ein reicher und dazu ein glücklicher Mann, denn seine Frau war lieb und schön.
Ein einziges Mal aber gerieten sie über ein Missverständnis in Streit. In seinem Zorn vergaß sich der Mann und warf seiner Frau vor, dass sie heute noch als Erdgeist ruhelos wandern müsse, wenn er sie nicht erlöst hätte.
Da nahm seine Frau traurig und weinend Abschied von ihm und niemals sah er sie wieder. Auch die Silberader war von dieser Stunde an versiegt.

Volkssage nach: Das grosse Buch der Sagen, Lingen Verlag, Köln o. J.

1. Lies den Text.
2. Schließe deine Augen
   und stelle dir die Geschichte vor. Überlege:
   - Was wird am Anfang erzählt?
   - Was geschieht dann?
   - Wie endet die Geschichte?
3. Erzähle die Geschichte einem anderen Kind.

[1] Steiger: Bergarbeiter

–	+	++	*	erzählt in entsprechender Abfolge (1d)

Name ____________________ Datum ____________

Ferienerlebnisse

© Corbis/KenRedding

© Corbis Esta/Dan Lepp

1. Schau dir die Bilder genau an und wähle eins aus, zu dem du erzählen möchtest.
2. Erfinde eine spannende Geschichte über ein Ferienerlebnis, das zu deinem Bild passt. Überlege:
   - Wo spielt meine Geschichte?
   - Wer ist meine Hauptfigur?
   - Was passiert ihr Spannendes?
3. Erzähle deine Geschichte einem anderen Kind.

> Du kannst dir Stichwörter zu deiner Geschichte auf Karten schreiben. Die Stichwörter helfen dir beim Erzählen.

Tiergeschichten selbst erdacht

© Picture-Alliance, Frankfurt/Beate Ludwig

© Voller Ernst, Berlin/John Drysdale

1. Schau dir die Bilder genau an und wähle eins aus, zu dem du erzählen möchtest.
2. Erfinde eine Geschichte über eines der Tiere. Überlege:
   - Wo spielt meine Geschichte?
   - Wer ist meine Hauptfigur?
   - Was passiert ihr Besonderes?
3. Schreibe Stichwörter zu deiner Geschichte auf Karten.

Denke an:
Einleitung: Wer? Wo? Wann?
Hauptteil: Was passiert?
Schluss: Wie endet die Geschichte?

4. Erzähle deine Geschichte einem anderen Kind. Deine Stichwörter können dir dabei helfen.

–	+	++	*

erzählt frei und verständlich (1e)

Name ______________________ Datum ______________

Ein Kunstwerk erzählt

© Ernst Gerd Jentgens: Holzschnitte, Zeeland 1975, veröffentlicht als Kalender

1. Schau dir das Bild genau an.
2. Überlege:
   - Wer befindet sich an diesem Ort?
   - Was könnte gleich geschehen?
   - Was ist vorher geschehen?
3. Erzähle eine Geschichte zu dem Bild.

Unterwegs

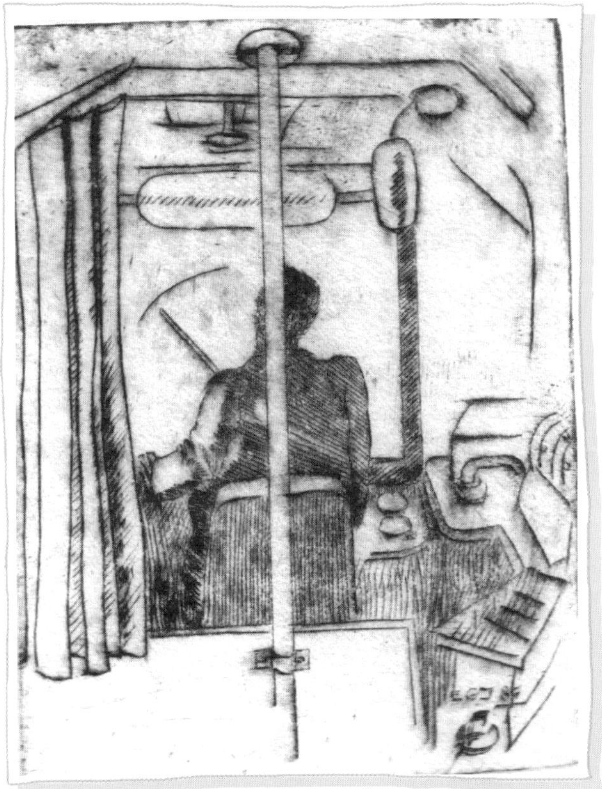

Der Straßenbahnfahrer

Der Motorradfahrer

Der Kameltreiber

1. Schau dir die Bilder genau an und wähle eins aus, zu dem du erzählen willst.
2. Überlege:
   - Wo befindet sich die Person?
   - Was sieht die Person gerade im Moment?
   - Wohin geht oder fährt sie?
   - Was geschah vorher?
3. Erzähle nun deine Geschichte.

–	+	++	*

erzählt frei und verständlich (1e)

Name ____________________ Datum ____________

Die Maus und die Schnecke

Einmal begegnete eine Maus auf der Wiese einer Schnecke. „Es muss langweilig sein, wenn man eine Schnecke ist“, sagte die Maus. „Den ganzen Tag herumkriechen und noch dazu das eigene Haus auf dem Rücken schleppen! Schau mich an, wie flink ich bin!“ Die Maus lief zum nächsten Busch und war schon wieder zurück.
„Wärst du nicht lieber eine Maus wie ich, Schnecke?“, fragte sie.
„Ich bin gern eine Schnecke“, antwortete die Schnecke. „Es stört mich nicht, dass ich nur langsam krieche. Außerdem ist es sehr praktisch, sein Haus auf dem Rücken zu tragen, da ist man immer gleich daheim.“
„Die Geschmäcker sind eben verschieden“, sagte die Maus, huschte davon und war stolz, eine Maus und mauseflink zu sein.

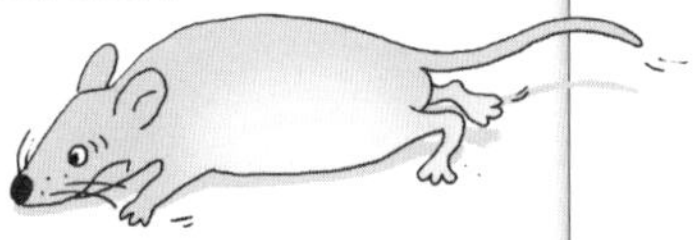

Plötzlich kam eine große Katze und wollte die Maus fangen. Wie da die Maus rannte! Jetzt wäre sie gern eine Schnecke gewesen, um gleich in ihr Haus flüchten zu können. Aber das Mauseloch war weit weg. Beinahe hätte die Katze die Maus erwischt. Im allerletzten Augenblick erreichte die Maus ihr Mauseloch und schlüpfte hinein. Dann saß sie drinnen, ihr Mauseherz klopfte ganz laut und sie brauchte lange, bis sie sich von dem Schreck erholte. Die Schnecke aber kroch friedlich dahin und freute sich, dass sie eine Schnecke war.

A.G. Meissner

aus: Käthe Recheis/Friedl Hofbauer: Die schönsten Minutenmärchen.
Kerle im Verlag Herder, Freiburg im Breisgau 2006

1. Lies den Text.
2. Stell dir vor:
   Die Schnecke trifft am Abend ihre Freundin, die Schnecke Emma. Sie erzählt ihr von dem Erlebnis mit der Maus.
3. Erzähle so:
   „Ich habe heute …“

Du kannst die Geschichte auch aus der Sicht der Maus erzählen.

Peter Hinkebein

Peter lebte mit seiner Schwester Karoline auf einem kleinen Bauernhof. Niemals verließ er den Hof, weil ihn stets die Kinder des Dorfes verspotteten. So ging er auch nicht in die Schule, aus Angst vor den anderen Kindern.

Als Karoline alt genug war, in die Schule zu gehen, erzählte sie ihm jeden Abend, was sie am Tag gelernt hatte. Besonders gern mochte es Peter, wenn sie über ferne Länder und deren Bewohner sprach. Dann träumte er von der großen, weiten Welt.

Eines Tages klopfte ein fremder Mann an die Tür des Bauernhofs und bat um einen Platz zum Schlafen. Der Mann war ein Schuster, der schon durch viele Teile der Welt gereist war. Er blieb einen ganzen Monat bei den Kindern und erzählte ihnen von seinen Reisen. Peter wich gar nicht mehr von seiner Seite.

Zum Dank dafür, dass er bei ihnen bleiben durfte, schenkte der Schuster Peter ein besonderes Paar Schuhe. Peter schlüpfte in die Schuhe und machte zuerst nur ein paar vorsichtige Schritte.

Doch dann stolzierte er über den Hof, durch den Hühnerstall, zu den Kühen und den Schafen, allen musste er seine neuen Schuhe zeigen.

Am nächsten Morgen, als der Schuster sich verabschieden wollte, packte Peter seine Sachen. Gemeinsam zogen sie in die Welt und noch lange stand Karoline vor dem Haus und schaute ihrem Bruder nach, der mit hoch erhobenem Haupt schnell voranschritt.

Gehinkt hat er nur noch ein ganz klein wenig.

Stephanie Jentgens

1. Lies den Text.
2. Erzähle die Geschichte aus der Sicht von Karoline oder aus der Sicht des Schusters.

Beginne so:
„Mein Name ist Karoline. Früher …"

Freunde

Elena trifft sich mit ihren Freunden auf dem Spielplatz. Schon von weitem sieht sie, dass Paul schlechte Laune hat. „Was ist?“, fragt sie Paul. „Nichts“, knurrt Paul und geht zur Schaukel. Still sitzt er da.

Elena fragt Till und Maria: „Was ist mit dem denn los?“ „Keine Ahnung“, meint Till. „Kommt, lasst uns Tischtennis spielen.“ Er läuft zur Tischtennisplatte.

„Warte mal“, antwortet Maria. „Ich glaube Paul hatte in der Schule Ärger mit welchen aus der 4c.“ „Sollen wir mal mit ihm reden?“, schlägt Elena vor. „Mach du das lieber“, meint Maria. „Komm Till, lass uns spielen“, ruft sie.

Elena geht zu Paul. Sie setzt sich neben ihn auf die andere Schaukel. Sie wartet ein bisschen. Dann fragt sie vorsichtig: „Was war denn los?“ Und Paul fängt an zu erzählen ...

1. Suche dir drei andere Kinder.
2. Lest den Text.
3. Verteilt die verschiedenen Rollen.
   Jeder überlegt zu seiner Rolle:
   - Was fühle ich?
   - Was denke ich?
   - Was sage ich?
   - Wie bewege ich mich?
4. Spielt die Geschichte nach.

Rollenspiele

1

Vater und Sohn

Der Vater möchte eine Katze als Haustier,
der Sohn einen Hund:

Vater: „Morgen habe ich Zeit.
Dann können wir ins Tierheim fahren."

Sohn: „Toll, dann kriegen wir endlich unseren Hund."

Vater: „Wieso Hund?" …

2

Zwei Freunde

Zwei Freunde unterhalten sich über einen Kinofilm, den sie gesehen haben.

3

Katze und Maus

Eine Katze und eine Maus reden darüber, was ihnen am besten schmeckt.

4

Maulwurf und Spatz

Ein Maulwurf und ein Spatz erklären einander, wo sie wohnen.

1. Suche dir ein anderes Kind.
2. Sucht euch eine von den vier Ideen für ein Gespräch aus.
3. Verteilt die beiden Rollen.
4. Spielt die beiden Figuren. Unterhaltet euch.
5. Spielt eure Szene anderen Kindern vor.
6. Fragt die anderen Kinder:
   - Was habt ihr nicht verstanden?
   - Was fandet ihr besonders gut?

Inhalt

Dieses Werk folgt der reformierten Rechtschreibung und Zeichensetzung 2006.

Druck A[1] Jahr 2007
Alle Drucke der Serie A sind im Unterricht parallel verwendbar.

Redaktion: Ruth Mühlenhoff
Herstellung und Layout: Annette Henko
Satz und technische Umsetzung: PER Medien+Marketing GmbH, Braunschweig
Druck und Bindung: westermann druck GmbH, Braunschweig

ISBN 978-3-14-**120722**-4